G. LEMARCHAND

—o—

SIMPLE ÉTUDE

Hors l'Église pas de Salut

SOCIALISME UNIFIÉ

SOCIALISME INDÉPENDANT

Brochure de Propagande Sociale

PARIS

IMPRIMERIE ACHILLE PRADIER

12, Rue des Bourdonnais

Novembre 1905

ᠵᡳ

ᡨ᠊ᠵᡳ᠊ᠰᡝ

G. LEMARCHAND

SIMPLE ÉTUDE

Hors l'Église pas de Salut

SOCIALISME UNIFIÉ

SOCIALISME INDÉPENDANT

Brochure de Propagande Sociale

PARIS

IMPRIMERIE ACHILLE PRADIER

12, Rue des Bourdonnais

Novembre 1905

HORS DE L'ÉGLISE PAS DE SALUT

SOCIALISME UNIFIÉ -- SOCIALISME INDÉPENDANT

(Conférence faite le 25 octobre 1905)

I. — Un peu d'histoire.

Un fait important s'est accompli dans la politique des organisations militantes et d'avant-garde; l'Unité socialiste, en négociation depuis 1900, est momentanément un fait accompli.

Avant d'entrer plus avant dans cet exposé et de discuter la répercussion de ce fait sur le gouvernement républicain, il est utile de faire un historique succint des diverses attitudes de cette fraction importante du parti socialiste, aujourd'hui unifié.

En 1879, époque à laquelle Jules Guesde et Lafargue ont jeté les bases du parti collectiviste révolutionnaire, conçu d'après la traduction de Karl Marx, les innovateurs avaient confiance dans la force révolutionnaire du néo-parti; ils s'en allaient disant partout qu'il ne fallait pas faire de concession, qu'il ne fallait pas pénétrer dans les pouvoirs publics, qu'il ne fallait pas, pour l'émancipation du prolétariat, compter sur le suffrage universel.

Ils considéraient les assemblées délibérantes comme des milieux de corruption; ils voulaient se maintenir dans la tradition révolutionnaire et initier le peuple à se grouper pour la bataille définitive, car il ne devait, suivant leur vue, attendre la transformation sociale que de son effort, c'est-à-dire de la révolution.

Plus tard, ce parti de classe a envisagé la possibilité de transiger avec la tradition purement révolutionnaire, et il s'est demandé s'il n'y aurait pas quelque chose d'utile à tenter en entrant dans la lutte électorale; dès cet instant était admis le système de l'infiltration socialiste dans la citadelle bourgeoise et les troupes prolétariennes ont commencé l'assaut des urnes électorales.

Le parti socialiste est allé tout d'abord à la bataille électorale, son drapeau largement déployé, avec l'intégralité de ses doctrines et de ses principes, rigides comme des barres de fer; mais lorsqu'il s'est trouvé aux prises avec les contingences, — car la vie publique est complexe, elle est fertile en incidents souvent imprévus, avec lesquels parfois il faut transiger pour conquérir des résultats, — l'ère des concessions est arrivée, et fut atténuée la rigidité de la doctrine formulée d'une certaine façon, qui effrayait par trop ce public parmi lequel on voulait faire des recrues.

Ces préoccupations très légitimes de recrutement ont amené les instigateurs du mouvement à faire envisager, par les congrès successifs, la question de savoir si à côté du principe intégral du socialisme, c'est-à-dire du programme maximum, il ne serait pas possible de conquérir les cœurs, de gagner les esprits en les alléchant au moyen de quelques promesses, qui ne relevaient plus de la doctrine, au moyen de concessions qu'on a fait figurer dans les programmes électoraux sous l'indication de programme minimum; cette transaction devait être motif à une scission, à la formation des Ecoles. Les irréductibles du moment se groupaient sous le titre de Guesdistes, les autres, les possibilistes, Allemanistes, Broussistes, tout en continuant à accepter le principe du programme maximum, consentaient aussi à coopérer avec les partis bourgeois pour aider à la réalisation des réformes plus immédiates.

Les irréductibles suivirent leur propagande intransigeante jusqu'au jour où, obsédés comme les autres par le besoin de goûter aux fonctions électives, ils permirent à leurs chefs de parti : Guesde, Vaillant, Landrin, Lafargue en tête, de se présenter devant le corps électoral. Ils ne protestèrent pas toutefois contre l'appui qu'à l'occasion et sur leur sollicitation leur apporta l'avant-garde républicaine de la bourgeoisie.

A la veille du congrès de 1900 existaient les écoles socialistes suivantes : le Parti Ouvrier Français ou Guesdiste, le Parti Socialiste Révolutionnaire ou Blanquiste, le Parti Allemaniste, la Fédération des Travailleurs Socialistes de France ou Parti Possibiliste Broussiste, les Socialistes Indépendants ; à l'issue du Congrès de 1900, les membres du Parti Ouvrier Français et le Parti Socialiste Révolutionnaire se sont unis pour former le Parti Socialiste de France, tandis que les autres écoles réunies formaient le Parti Socialiste Français.

C'était le premier acheminement vers l'unité. Malgré tout la lutte sourde, engagée entre les deux fractions bénéficiaires d'un premier rapprochement, existait toujours. Le socialisme de Jaurès était fortement discuté par Guesde, tandis que Jaurès prétendait que Guesde, avec ses doctrines intransigeantes, paraissait faciliter la tâche des ennemis de la République. Cette situation dura jusqu'au jour où, après la chute du Ministère

Combes, le cas Hervé sur l'Internationalisme et la Grève des réservistes vinrent de nouveau réunir les deux leaders au nom de l'Internationalisme et les lancer dans la voie de cette unité votée au Congrès de la Salle du Globe, les 23, 24 et 25 avril dernier.

II. — La Doctrine du Parti unifié.

L'unité fut basée sur les principes établis par les précédents Congrès, notamment sur ceux de Paris en 1900 et d'Amsterdam en 1904.

Voici les principaux points de la déclaration :

1° Le Parti socialiste est un parti de classe qui a pour but de socialiser les moyens de production et d'échange, c'est-à-dire de transformer la société capitaliste en une société collectiviste ou communiste, et pour moyen l'organisation économique et politique du prolétariat. Par son but, par son idéal, par les moyens qu'il emploie, le Parti socialiste, tout en poursuivant la réalisation des réformes immédiates revendiquées par la classe ouvrière, n'est pas un parti de réforme, mais un parti de lutte de classe et de révolution.

2° Les élus du Parti au Parlement forment un groupe unique, en face de toutes les fractions politiques bourgeoises. Le groupe socialiste au Parlement doit refuser au Gouvernement tous les moyens qui assurent la domination de la bourgeoisie et son maintien au pouvoir ; refuser en conséquence, les crédits militaires, les crédits de conquête coloniale, les fonds secrets et l'ensemble du budget.

Même en cas de circonstances exceptionnelles les élus ne peuvent engager le Parti sans son assentiment.

Au Parlement, le groupe socialiste doit se consacrer à la défense et à l'extension des libertés politiques et des droits des travailleurs, à la poursuite et à la réalisation des réformes qui améliorent les conditions de la vie et de lutte de la classe ouvrière.

Les députés, comme tous les élus, doivent se tenir à la disposition du Parti pour son action dans le pays, sa propagande générale sur l'organisation du prolétariat et le but final du socialisme.

3° L'élu relève individuellement, comme chaque militant, du contrôle de sa Fédération.

L'ensemble des élus, en tant que groupe, relève du contrôle de l'organisme central. Dans tous les cas, le Congrès juge souverainement.

4° La liberté de discussion est entière dans la presse pour les questions de doctrine et de méthode, mais pour l'action tous les journaux socialistes doivent se conformer strictement aux décisions du Congrès interprétées par l'organisme central du Parti.

Les journaux qui sont ou qui seront la propriété du Parti, soit dans son ensemble, soit dans ses Fédérations, sont ou seront naturellement placés sous le contrôle et l'inspiration de l'organisme permanent établi respectivement par le Parti ou les Fédérations.

Les journaux qui, sans être la propriété du Parti, se réclament du socialisme, devront se conformer strictement pour l'action aux décisions du Congrès, interprétées par l'organisme fédéral ou central du Parti dont ils devront insérer les communications officielles.

. . . .

6° Le Parti prendra des mesures pour assurer, de la part de ses élus, le respect du mandat impératif, il fixera leur cotisation obligatoire.

Comme conséquence le règlement voté par le Congrès porte les résolutions suivantes :

I. — *Constitution du Parti.*

Article Premier. — Le Parti socialiste est fondé sur les principes suivants :

« Entente et action internationales des travailleurs; organisation politique et économique du prolétariat en parti de classe pour la conquête du pouvoir et la socialisation des moyens de pr.duction et d'échange, c'est-à-dire la transformation de la Société capitaliste en une Société collectiviste ou communiste.

« Art. 2. — Le titre du Parti est *Parti Socialiste, Section française de l'Internationale ouvrière.*

« Art. 3. — Les membres adhérents acceptent les principes, le règlement et la tactique du Parti. »

Les articles 11 et 12 définissent la tactique électorale :

« Art. 11. — Partout où les statuts des Fédérations n'en auront pas disposé autrement, les candidats seront désignés par l'ensemble des groupes de la circonscription électorale.

« Les groupes ne pourront désigner qu'un candidat ou qu'une liste de candidats par circonscription.

« Art. 12. — Les candidatures doivent être ratifiées par la Fédération, et le Comité fédéral a mandat de veiller à l'observation des principes du Parti. »

Da⁻s sa première réunion le Conseil National du parti ou Commission Administrative permanente a pris la résolution suivante conformément à l'indication donnée par le Congrès :

« Les orateurs et propagandistes du parti ne pourront prêter leur concours à une conférence, réunion ou fête publique, organisée en dehors du Parti, sans l'assentiment préalable des groupements locaux, et au besoin du Conseil National.

III. — Quelques appréciations.

Le premier point est bien précis; pour être baptisé socialiste par le parti unifié, il faut être :

1° Internationaliste.

2° Collectiviste ou Communiste.

Voilà trois mots qui résument le socialisme unifié, trois images, destinées à frapper l'imagination, élevées au rang d'idoles; c'est le remède proposé à tous les maux qui frappent la classe prolétarienne, c'est la panacée universelle.

La puissance de ces trois mots est liée aux images qu'ils invoquent et souvent tout à fait indépendantes de leur signification réelle. Ils synthétisent les aspirations inconscientes les plus diverses et l'espoir de leur réalisation.

Si l'on questionne habilement, et le fait se produit journellement dans la discussion, un ouvrier, un socialiste même, le plus grand nombre des doctrinaires qui se disent socialistes, si l'on emploie d'autres termes que ceux tout faits et que l'on laisse de côté les lambeaux de phrases humanitaires, les imprécations contre la propriété, on peut constater que le concept qu'ils ont du collectivisme ou du communisme est une rêverie vague. Pour eux dans un avenir lointain, trop lointain pour les impressionner beaucoup, ils entrevoient la venue du royaume des pauvres, royaume dont seront soigneusement expulsés les riches.

Quant aux moyens de réaliser ce rêve lointain, ils n'y songent guère; ils les considèrent comme des forces de la nature, ils ont foi aux puissances surnaturelles, qu'évoquent dans leurs âmes ces images grandioses ; et le vague même qui les estompe augmente encore leur mystérieuse puissance. Les mots magiques Internationalisme, Collectivisme, Communisme, sont pour la masse les divinités mystiques cachées derrière le tabernacle et dont le dévôt ne s'approche qu'en tremblant.

Cette légère critique de mots tendant à se populariser n'a qu'un but ; car s'il n'appartient pas aux hommes de progrès, aux partisans dévoués de toutes les études, aux hommes ayant pour objectif principal la recherche de la vérité et l'affranchissement des individus, de nier le collectivisme pas plus que le communisme ni que l'internationalisme, il y a lieu de faire observer que comme toute idée nouvelle, comme toute idée scientifique, comme tout problème social, ces doctrines ne peuvent être acceptées que sous bénéfice d'inventaire, elles doivent être livrées au crible de la discussion et d'un examen méthodique.

Il faut aussi se dire que c'est le temps qui prépare les opinions et les croyances des foules, ou tout au moins le terrain sur lequel elles germeront ; ce qui peut paraître à certains réalisable, à une époque, n'est plus, d'après la théorie de l'évolution, réalisable à une autre.

C'est au nom de ces simples raisons qu'il devient indispensable de s'élever, non contre la doctrine elle-même, mais contre l'absolutisme de ceux qui la déclarent immuable, qui veulent en faire un dogme, une église, excluant tout ce qui ne s'inclinera pas et ne soumettra pas sa volonté et ses actes au service de sa cause.

IV.-La définition du Socialisme par Benoît Malon

Ce n'est pas ainsi que pensait un écrivain éminent, un grand penseur socialiste, un ouvrier élevé par le travail et la méthode à un niveau intellectuellement et moralement très supérieur, ce n'est pas ainsi que pensait Benoît Malon, l'un des apôtres vénérés du socialisme et qui, s'il vivait encore, incarnerait à coup sûr ce socialisme réformiste fait d'études et d'améliorations progressives et incessantes.

Benoît Malon, dans la Revue Socialiste d'Octobre 1887, après avoir passé en revue les différents systèmes collectivistes :

Collectivisme Colinsien dû à Colins et défini dans sa brochure le Pacte social (1833).

Collectivisme Industriel dû à Pecqueur (1838) et repris ensuite par Louis Blanc en 1846,

Collectivisme Internationaliste de César Paepe (1868-69 et 74),

Collectivisme Révolutionnaire de Jules Guesde (1879),

Collectivisme Marxiste basé sur la lutte de classe,

Collectivisme Anarchiste (1872-1880),

Collectivisme Réformiste ou école coopérative,

en tire la conclusion générale suivante, après avoir toutefois constaté qu'il était très difficile d'en donner une définition précise :

« Dans ses lignes générales, le collectivisme est une *conception socialiste* comportant :

1° L'appropriation commune, plus ou moins graduelle, de la terre et des instruments de la production et de l'échange; — cette forme d'appropriation ne devant pas succéder à la petite industrie et à la petite propriété, mais seulement à la monopolisation de ces dernières par la nouvelle féodalité financière et industrielle;

2° L'organisation corporative communale ou générale de la production et de l'échange;

3° La faculté pour chaque travailleur d'user à sa guise de l'équivalent de la plus-value par lui créée;

4° Le droit au développement intégral pour les enfants, le droit à l'existence pour tous les incapables de travail et l'assurance pour tous les valides d'un travail rémunérateur dans l'association de leur choix. »

Comme on le voit, Malon admet que le collectivisme est une conception socialiste, mais il ne dit pas que ce soit la seule et unique conception du socialisme; plus loin dans le même article, il définit ainsi le socialisme :

« Il ne doit pas seulement signifier affranchissement du travail, justice économique, mais épanouissement harmonique de l'Être humain, évolué dans toutes les directions de l'intelligence et du cœur »

Précisons : le socialisme est d'abord la revendication prolétarienne du temps présent et c'est là, nous l'avons concédé, ce que les groupements militants ne doivent pas oublier. Mais il n'est pas que cela, nous ne cesserons de le dire. Il est dans l'éploiement de son intégralisme, la grande fermentation de ce siècle, la glorieuse aspiration de l'Humanité, bientôt mûre pour une civilisation supérieure. Religions, philosophies, histoire, politique, pédagogie, économie politique, littérature, il doit pénétrer tout, révolutionner tout, transformer tout.

« Oui certes, par ce temps de lutte acharnée des intérêts, d'oppressive et spoliante exploitation capitaliste, de meurtriers chômages et de misère croissante, nous ne devons pas oublier que le premier devoir est la poursuite des revendications justicières des prolétariats industriels et agricoles d'Europe et d'Amérique, et nous ne l'oublions pas. Nous savons très bien qu'il s'agit avant tout de combattre la servitude économique, l'exténuation, le dénuement et l'insécurité du lendemain, ces fléaux de ceux qui vivent du travail. C'est pourquoi la conquête du droit à l'existence pour tous, du droit à un travail rémunérateur pour les valides, du droit à l'instruction générale et professionnelle pour tous les enfants sont notre premier objectif. Dans le même esprit, nous considérons que l'étude, le travail et le combat pour la recherche et la réalisation très prochaine d'un état social assurant à tous les travailleu s, les charges sociales étant remplies, l'équivalent du produit créé par leur travail, et à tous les humains, une digne vie humaine dans la mesure des ressources communes, c'est un de ces devoirs sociaux d'obligation stricte que Kant qualifiait de devoirs parfaits.

« Celui qui ne veut pas d'abord cela n'est pas réellement socialiste; mais celui qui le veut d'un esprit éclairé et d'un cœur ouvert, celui-là veut davantage.

« Envisageant ainsi les choses, pour notre part, disons :

« Il fait du socialisme, le savant, le penseur qui trouve au fond de ses recherches, de ses méditations sur la nature des choses, le mystère de l'évolution universelle. cette éternelle formation et transformation des êtres et des choses; car, ce faisant, non seulement, il lève un coin du voile d'Isis et de l'impénétrable vérité absolue, mais encore il donne sa base scientifique à la loi inéluctable de solidarité de laquelle les socialistes tirent leurs plus irréfragables arguments.

« Il fait du socialisme, l'inventeur, savant ou praticien, qui soumet les forces productives de l'homme, permettant ainsi de multiplier les produits, en diminuant la durée et la peine du travail, ce qui est du socialisme au premier chef.

« Il fait du socialisme, l'écrivain qui, dans le livre, le drame ou le journal, apothéose les sentiments de justice envers les hommes, de pitié envers les animaux, de compatissance envers tout ce qui souffre, car tout ce qui développe la bonté, ce diamant scintillant de l'âme humaine, est socialisme.

« Il fait du socialisme, le progressiste qui travaille et combat pour la liberté, sous quelque forme, politique ou sociale, qu'elle se présente; car le socialisme tend à délivrer l'être humain, noblement soumis au devoir moral et social, de toute servitude, de tout arbitraire.

« Il fait encore du socialisme, l'altruiste pratique qui passe en faisant le bien, là secourant, là consolant, là fortifiant, partout luttant contre l'égoïsme rapace, ce père de toutes les iniquités, partout faisant aimer la bonté, cette source féconde des dévouements socialistes.

« Ceci nous amène à un autre ordre de pensées; Schopenhauer a dit que la bonne intention était presque tout en morale; il y a là l'exagération d'une vérité relative. Nos pensées et nos actes valent surtout en raison de leur caractère altruiste, c'est-à-dire du sentiment du droit d'autrui et du sentiment du devoir accepté qu'ils contiennent. Sans la justice et la bonté, dit énergiquement Anna Kingsford, l'intelligence n'est qu'une qualité négative. A ce compte, la revendication pure et simple de ses droits à soi et abstraction faite de toute idée de devoir (ou de droit d'autrui), ne saurait être qualifiée acte socialiste. On peut, en effet, défendre ses intérêts individuels, familiaux, voire même corporatifs, nationaux ou de classe et n'être, néanmoins, selon une saisissante expression de Fourier que pauvrement titré au point de vue affectif et social.

« Socialisme est synonyme d'universalisme et de religion humaine des temps nouveaux, et quiconque réclame des droits doit se reconnaître des devoirs. Les fondateurs de l'Internationale l'avaient compris. La devise portait : Pas de devoirs sans droits, pas de droits sans devoirs. Naturellement il ne peut pas s'agir ici simplement de devoirs envers son parti ; le dévouement exclusif à son parti — ce en quoi est première la Compagnie de Jésus — n'est que du fanatisme, un fanatisme au but plus ou moins élevé, cela dépend de l'idée mère du parti. Le devoir n'est pas contenu dans de si étroites limites et croire que seul et exclusivement son parti est dans le vrai et représente exclusivement les hautes destinées humaines, c'est ressembler à ce pêcheur des Mille et une Nuits qui, d'après les récits de Schéhérazade à Schahriar, rêvait de tenir enfermé dans un petit vase d'airain le tout puissant Génie du Progrès qui, dès qu'il fut rendu à la liberté, sut faire naître les Edens sous ses pas et créer de son souffle les palais féériques.

« Le concept normal du devoir s'étend à tous les êtres et même par la pitié, ce principe premier de l'excellence morale, il dépasse l'humanité, compâtit à tout ce qui vit et s'attache à diminuer toute souffrance.

. . . .

« En résumé, le socialisme doit être un aboutissant synthétique, bénéficier de tous les efforts de science,

de philosophie, d'application pratique et d'amélioration
morale et les fondre dans le grand creuset de la rénovation humaine. Pour cela il doit, comme le bonhomme
Chrémès de Térence, admettre que rien d'humain ne lui
est étranger ».

Plus loin Malon s'exprime ainsi :

« Il est dans la nature de l'homme de ne pas se laisser
sevrer d'idéal : et à un autre point de vue, l'on peut dire
que si, chez les militants, l'idéal chrétien rejeté mais
non extirpé (on ne se transforme pas cérébralement du
jour au lendemain, on ne se transforme même jamais
complètement; il faut pour faire un homme nouveau la
lente réfection de plusieurs générations) n'est pas remplacé par un vaste idéal humain, par une philosophie
supérieure propre à agrandir les cœurs et à ouvrir aux
cerveaux les avenues infinies de la pensée toujours
inquiète de vérités et de justices nouvelles, l'armée
socialiste deviendra difficilement assez nombreuse et
assez enthousiaste pour vaincre la formidable coalition
de toutes les forces du passé.

« Ici je m'adresse aux révolutionnaires et je leur dis:
Non il ne suffit pas dans le conflit contemporain de faire
appel aux intérêts économiques et aux haines nationales
ou politiques pour passionner le combattant et ennoblir
la lutte. Le combattant socialiste a besoin de savoir
qu'il travaille, souffre et lutte pour un complet renouveau
du genre humain. Laissez l'idée de justice, de solidarité,
d'amour des hommes (sa religion humaine à lui), laissez-
la lui inspirer le devoir social, les joies du dévouement
à la cause commune. Laissez qu'aux premières lueurs de
l'aurore des rénovations elle lui fasse entrevoir dans les
brumes du proche avenir une humanité majeure s'élevant

par la science, la solidarité et la liberté à un plan splen-
dide d'excellence morale, de puissance sur la nature, de
bonheur individuel et social. Laissez cet homme de
demain, qui porte au cœur la blessure des douleurs infinies de la terre et sait que le grand œuvre est de
diminuer la souffrance universelle et d'augmenter la
conscience et la justice sociales, laissez le voir en esprit
les hommes futurs non seulement plus heureux maté-
riellement, mais encore ayant une conception plus élevée
de la vie universelle, une notion plus précise des devoirs
envers autrui; en un mot plus grands par la pensée et
meilleurs par le cœur, moins égoïstes, moins cruels,
que les hommes de ce temps. »

Cette large définition du socialisme par Malon est loin
de ces formules étroites que se proposent d'imposer nos
théoriciens ou nos pontifes du collectivisme; ils parais-
sent plus enclins à prôner un sectarisme d'un nouveau
genre, établir un nouveau dogme qu'à poursuivre l'étude
rationnelle et progressive des améliorations immédiates
et futures que réclame si justement la classe du travail
et des deshérités de la fortune.

V. — Une opinion de Karl Marx.

Ils suivent la doctrine exposée par Marx dans une
brochure publiée à Londres en 1873 et qui était intitulée
« l'Alliance de la démocratie socialiste et l'Association
internationale des travailleurs. »

« La première phase dans la lutte du prolétariat
contre la bourgeoisie, dit l'auteur de la lutte de classe,
est marquée par le mouvement sectaire. Il a sa raison
d'être à une époque où le prolétariat n'est pas encore

assez développé pour agir comme classe. Des penseurs individuels font la critique des antagonismes sociaux et en donnent des solutions fantastiques que la masse des ouvriers n'a qu'à accepter, à propager et à mettre en pratique. Par leur nature même, les sectes formées par ces initiateurs sont abstentionnistes, étrangères à toute action réelle et à tout mouvement d'ensemble. Les sectes, leviers du mouvement à leur origine, lui font obstacle dès qu'il les dépasse; alors elles deviennent réactionnaires.

« Enfin, c'est là l'enfance du mouvement prolétaire, comme l'astrologie et l'alchimie sont l'enfance de la science. »

Qu'ils méditent cette dernière phrase de Marx et qu'ils songent au moment où ils seront dépassés par le mouvement qu'ils auront suscité, mouvement qui les obligera à mettre en pratique leurs théories sectaires !

Qu'ils pensent qu'ils seront peut-être obligés à cet instant de chercher à côté la voie à suivre ou de revenir en arrière pour éviter le cataclysme réactionnaire et final qui les emportera, tel un violent et sanguinaire ouragan.

C'est pourquoi il est très difficile de se prononcer en faveur de telle ou telle doctrine; le véritable socialis e doit sans cesse poursuivre les améliorations immédiates en étudiant sans cesse l'organisation progressive, lente peut-être, mais sûre d'une société qui pourra apporter plus de bien-être et suffire à tous pour le plus grand bien de l'humanité.

Voilà le but auquel doit tendre le véritable socialiste.

VI. — La tactique électorale.

1er tour de scrutin.

Après avoir examiné la doctrine par elle-même, voyons maintenant la tactique électorale proposée par le Congrès d'avril, qui doit être ratifiée, après avis des groupes par le Congrès de Chalon.

Dans la dernière séance plénière du parti, le 14 juillet dernier, diverses motions avaient été déposées sur ce sujet.

En voici le texte :

Motion Cachin. — *Le Congrès du socialisme unifié décide de soumettre à l'une des premières réunions du Conseil national la proposition suivante :*

« Des candidatures du Parti seront posées dans toutes les circonscriptions en France, dès les élections législatives de mai 1906.

« Les conditions matérielles de cette campagne généralisée seront, immédiatement après, préparées par le Conseil national. »

Motion Vaillant. — *« Les groupes des circonscriptions et les Fédérations départementales restent chargés, conformément aux articles 11 et 12 des statuts, de la détermination des candidatures.*

« Le Conseil national les invite à s'efforcer d'organiser la lutte électorale partout où elle sera possible. »

Motion Poisson. — *« Le Conseil national, par délégation du Congrès national, décide que, conformément au règlement du Parti, la Commission administrative* *devra au minimum assurer les candidatures du Parti, aux élections législatives de 1906, dans toutes les sections où il existe des organisations adhérentes au Parti. »*

Motion Gotté. — « *Application de la proposition Cachin, dès mai 1906, dans toutes les Fédérations où cela sera possible. Les Fédérations qui n'auraient pas les moyens matériels doivent rester libres de porter leur effort sur tels ou tels points qu'elles jugeront convenables.*»

Motion Revelin. — « *Le Congrès national déclare que c'est le devoir du Parti socialiste de présenter partout, au premier tour, des candidatures de classes et d'organiser partout l'action électorale du Parti.*

« *Le Parti, ses fédérations, ses sections sont donc tous en devoir d'étendre et de généraliser la lutte électorale contre la bourgeoisie dans les limites de leur force matérielle et morale. Seule l'insuffisance des ressources, le manque de propagandistes investis de la confiance du Parti peuvent en certaines circonscriptions rendre provisoirement et localement impossible cette action électorale.*

« *Les sections, les comités et les fédérations demeurent chargés de choisir les candidatures et d'organiser la lutte électorale partout où elle ne sera pas impossible.*

« *Dans les circonscriptions et les départements où il n'existe ni groupes ni fédérations, le Conseil national et la Commission permanente s'efforceront d'envoyer des délégués en mission.*

« *Ces délégués auront pour mandat de former des groupes du Parti. Les candidatures ne seront posées qu'avec l'assentiment des groupes et après notification à la Commission permanente et au Conseil national.*

« *Les candidats devront faire acte de propagande*

réelle et active. DANS TOUTES LES CIRCONSCRIPTIONS OÙ LES GROUPES RÉCEMMENT CONSTITUÉS AURONT POSÉS DES CANDIDATURES RATIFIÉES PAR LE CONSEIL NATIONAL, LES CANDIDATS DÉPOSERONT A L'AVANCE AU SECRÉTARIAT DU PARTI, L'ENGAGEMENT FORMEL DE DESISTEMENT POUR LE SECOND TOUR. »

M. Guesde a pris soin de différencier les propositions Revelin et Cachin ; « Revelin subordonne, dit-il, la position des candidatures à la constitution des groupes ; la motion Cachin veut, au contraire, que les candidatures servent à la formation des groupes. Ce sont de véritables candidatures de sonde qui seraient ainsi posées.»

La Fédération de la Seine a adopté les motions Vaillant et Revelin : la première, par 174 voix contre 108 à la motion Cachin ; la seconde, par 157 contre 24 et 73 abstentions.

Il est difficile, étant données ces diverses motions contradictoires et les réponses non encore publiées des différents groupes, de déterminer si le parti unifié présentera des candidats dans toutes les circonscriptions. Quoi qu'il en soit, on peut déjà présager que presque toutes les circonscriptions auront une candidature socialiste, basée sur la lutte de classe, l'internationalisme, le collectivisme ou le communisme : ceci n'a rien d'illogique et s'explique d'un parti qui, tout en faisant de la propogande, désire vouloir se compter.

Le second tour de scrutin.

La question est plus complexe et plus discutable pour le second tour.

Le questionnaire suivant avait été envoyé aux Fédérations.

Le Parti doit-il décider à l'avance une attitude uni-

forme pour tous ses candidats au 2e tour de scrutin et dans ce cas, quelle sera cette attitude ?

Ou laissera-t-il aux Fédérations le soin de se déterminer au mieux des intérêts du Parti, en tirant des conséquences du 1er tour ?

Le journal officiel du Parti constate que les réponses présentent cependant une majorité assez forte en faveur de la deuxième alternative.

Elles estiment qu'il n'y a lieu pour le Parti de prendre d'engagement vis-à-vis de lui-même ni vis-à-vis d'autres partis, pour le lendemain d'une bataille avant qu'elle ne soit livrée.

La nécessité de la propagande, au cours de laquelle la lutte électorale n'est qu'un épisode, impose selon les localités et selon le caractère du premier tour des décisions différentes.

Mais l'avis de presque toutes est que ces décisions doivent être prises entre les deux tours de scrutin par la Fédération dans son ensemble après consultation des sections ayant mené la lutte.

D'après ces indications, il paraît ressortir que les socialistes ne prendront aucun engagement vis-à-vis des autres partis républicains et resteront libres de se maintenir ou de se désister.

La plus grande partie des Fédérations pensent qu'il est des cas où l'appui donné à certaines candidatures constituerait une impossibilité. A cette préoccupation répondait la motion Cambier, adoptée à l'unanimité par la Fédération de la Seine. La circulaire disait :

Quel est votre avis sur la résolution Cambier prise à l'unanimité par la Fédération de la Seine et dont voici le texte :

Motion Cambier. — « *Lorsque le candidat du Parti socialiste unifié trouvera devant lui un autre candidat se réclamant du socialisme, il ne pourra en aucun cas se désister en sa faveur.* »

Cette règle est adoptée par la grande majorité des fédérations. Quatre seulement ont voté contre : Côte-d'Or, Basse-Normandie, Pas-de-Calais et Rhône, auxquelles il faut ajouter la partie de la Fédération du Nord provenant de la Fédération autonome.

N'ont pas répondu sur ce point : Ain, Ardennes, Ariège, Bretagne, Cher, Lot-et-Garonne, Marne, Nièvre, Seine-et-Marne, Tarn.

Donc, voilà un point bien fixé ; en aucun cas, les candidats socialistes unifiés ne se désisteront en faveur d'un candidat socialiste indépendant, c'est une des conséquences de l'exclusivisme déterminé plus haut à propos des théories et du programme du Parti.

Dans sa proposition relative au secon... ur, le citoyen Cachin propose que les militants se ... ent de la lutte sans donner d'indication.

Sur cette question la commission administrative formulait ainsi sa proposition aux Fédérations :

« Le Parti doit-il décider à l'avance une attitude uniforme pour tous les candidats au deuxième tour de scrutin et, dans ce cas, quelle sera cette attitude — ou laissera-t-il aux Fédérations le soin de se déterminer au mieux des intérêts du Parti en tirant les conséquences du premier tour ? »

Une majorité assez forte a estimé que les décisions à prendre pour le second tour de scrutin revenaient aux Fédérations, après consultation des sections ayant mené la lutte. C'est une des questions qui passionnera le Congrès de fin octobre.

Au Congrès de la Fédération de la Seine, après une discussion longue et passionnée, une motion tendant au retrait pur et simple des candidats socialistes après le premier tour a, en effet, été repoussée par 179 voix contre 102. Une résolution de M. Revelin, qui résume les idées développées par les amis de M. Vaillant et par M. Jaurès au Conseil national, a été adoptée. Elle est ainsi conçue :

Le Congrès national déclare que le Parti socialiste constitué comme parti de lutte de classe et de révolution est résolu à défendre les libertés politiques et les droits des travailleurs.

Au second tour de scrutin des élections législatives, lorsqu'ils n'auront pas obtenu la majorité relative, les candidats du Parti socialiste se désisteront pour faire échec à toute politique de réaction, de violence contre les syndicats ouvriers, de conquête coloniale, de guerre et de coup d'État. Dans les mêmes conditions, les candidats du Parti socialiste se désisteront également lorsque les candidats républicains, démocrates et radicaux se seront engagés formellement dès le premier tour, à réclamer le secret du vote, le scrutin de liste avec la représentation proportionnelle et la réduction légale des heures de travail.

Les Fédérations sont chargées, avec le concours du Conseil national, d'appliquer cette résolution et d'exiger, en retour, des candidats républicains, démocrates et radicaux, une attitude et une conduite correspondantes, le désistement au second tour en faveur du socialisme contre la réaction.

En défendant et en maintenant contre les tentatives de la réaction la République actuelle, où le capital exploite les salariés, le Parti socialiste défend et maintient les droits acquis du prolétariat et ses espérances en l'avènement prochain d'une République de libres producteurs ; la République sociale. C'est seulement au profit des travailleurs que le Parti socialiste utilise les conflits secondaires des possédants, et même lorsqu'il combine accidentellement et momentanément son action avec celle des partis démocratiques, il demeure un parti d'opposition fondamentale et irréductible à la classe bourgeoise dans son ensemble et à l'Etat qui en est son instrument.

Une motion additionnelle de M. Cambier, votée à l'unanimité, décide que « *lorsque le candidat du Parti socialiste unifié trouvera devant lui un autre candidat se réclamant du socialisme, il ne pourra, en aucun cas, se désister en sa faveur* ». Elle a pour but de viser les députés qui se sont séparés du groupe socialiste parlementaire.

Il était, après cela, assez téméraire de préjuger des résolutions du Congrès de Châlon. Toutefois, les décisions prises par la Fédération de la Seine, dont les militants sont pour la plupart en relation avec les organisations de province, sont précieuses à enregistrer.

VII. — Les élus du Socialisme unifié et les bureaux des Assemblées délibérantes.

A signaler en passant tout particulièrement que le Congrès de la Seine a examiné le nouveau « cas » de M. Paul Brousse : Réception par le roi d'Angleterre. Par 193 voix contre 59 et 12 abstentions, un ordre du jour a été voté interdisant aux élus socialistes d'accepter désormais une fonction dans les bureaux des assemblées délibérantes où la majorité ne sera pas socialiste.

Avis aux électeurs qui espèrent avoir un élu pouvant prétendre à toutes les fonctions.

VIII. — Ce que dit M. Clémenceau.

M. Clémenceau commente ainsi, dans l'*Aurore* du 23 octobre l'attitude de Jaurès dans le parti unifié :

Nos collectivistes pourraient prendre la peine de considérer la situation politique actuelle de ce point de vue, avant de partir en guerre contre les radicaux. Quelques-uns, comme M. Briand, ont très sagement exercé leur sagacité sur les différentes données du problème, pour arriver à la conclusion que la coalition des radicaux et des socialistes, qui a déjà donné d'importants résultats dans le domaine politique et dans le domaine social lui-même, devait être maintenue. Ce n'a jamais été et ce ne peut être encore aujourd'hui l'opinion de M. Jules Guesde, maître tout-puissant du socialisme unifié, depuis qu'il a rangé Jaurès sous son sceptre dominateur.

Avec une persévérance à laquelle je ne refuse point mon admiration, Jules Guesde a toujours tendu à la constitution, dans la République française, d'une véritable Eglise socialiste fondée sur l'unité de pensée, en vue de produire partout et toujours l'unité d'action. Cette idée — purement romaine — d'une centralisation unitaire, ayant pour caractère la possession d'un absolu, exclusif de tout « compromis bourgeois », conduisait fatalement à isoler le dogme socialiste, et le parti qui en était por-

teur, de tous les autres groupements d'action républicaine. On ne pouvait pas plus demander aux représen-
tants d'une vérité absolue dans l'ordre social de faire
la part des notions relatives qu'on n'aurait l'idée
d'inviter un concile, ou un pape, à rechercher les conditions d'une communauté de propagande chrétienne avec
les protestants.

Le tempérament de Jaurès et la nature de son talent,
ainsi que l'évolution qui en avait été la conséquence,
devaient pratiquement l'engager dans la politique de
transaction avec « les partis bourgeois ». En revanche,
la disposition de son esprit, singulièrement renforcée
par la culture de la philosophie universitaire, le gar-
dait intellectuellement engagé dans la recherche d'un
absolu.

Que l'esprit, en fin de compte, l'ait emporté sur le
tempérament après un libre cours donné au prime-saut
de la nature, cela n'est point pour étonner. *Socialisti-
quement*, Jaurès est un protestant converti au catholi-
cisme romain et, comme tous les néophytes, il lui est
impossible d'accomoder son esprit à cette idée qu'il
puisse se rencontrer des hommes pensant autrement que
lui. Après sa brillante lutte d'Amsterdam, il a fait
amende honorable à la conception *bebellienne* d'un parti
de révolution et il tente aujourd'hui cette entreprise
insensée de transplanter dans la République française
un organe d'opposition irréductible, tel que le commande
l'institution de la dictature militaire dans l'empire
allemand.

De là vient qu'avec une candeur infinie il dogmatise
aujourd'hui, au nom du « *socialisme* », comme le pape,
au nom du « *christianisme* », sans vouloir connaître les

luthériens du socialisme, qui sont demeurés avec Briand, ni ceux qui, voulant arriver à des réalisations de justice sociale, choisissent un autre chemin que lui. A Limoges, comme dans les articles qu'il a publiés depuis, il a fait superbement ses conditions aux radicaux, presque aussi maltraités maintenant par le socialisme unifié que par le parti modéré. Nous en pourrons causer au premier jour.

G. CLÉMENCEAU.

IX. — Ce que répond M. Jaurès.

Dans l'*Humanité* du 24 octobre, Jaurès répond :

M. Clémenceau abuse étrangement des mots quand il parle, comme hier encore, de l'Eglise socialiste. Qui dit organisation générale et unitaire ne dit pas discipline d'autorité. L'unité socialiste aboutit à une action commune, mais qui est toujours délibérée par des puissances autonomes. Cette unité n'est qu'un faisceau de libertés. Dans quelques années, quand le Parti socialiste aura pu partout préparer et engager la lutte, quand il aura dans tous les départements des Fédérations bien vivantes, quand ces 80 Fédérations délibèreront en toute liberté, en toute compétence, sur les questions que doit trancher le Congrès national, c'est vraiment tout le prolétariat organisé qui s'exprimera. Ainsi la vie socialiste conciliera l'autonomie avec l'unité comme elle concilie la défense nécessaire de la République et de la démocratie avec le nécessaire combat prolétarien. Il y a vraiment place, en ce grand Parti, pour tous les socialistes.

JEAN JAURÈS.

Jaurès accuse Clémenceau d'abuser des mots en lui faisant remarquer qu'organisation générale et unitaire ne dit pas discipline d'autorité; quelle ironie ! Autorité d'un seul ou autorité des foules, n'est-ce pas toujours autorité! Mais tout confirme ce principe d'autorité indiqué par Clémenceau, malgré l'avis de Jaurès, qui déclare avec son parti que l'on n'est pas socialiste, sans être collectiviste, communiste, et internationaliste, que le seul fait de se proclamer tel, sans être *persona grata* des Fédérations unifiées, fait considérer, l'indépendant au point de vue électoral, comme un vulgaire réactionnaire, malgré tout son libéralisme, malgré ses convictions et ses idées de progrès, malgré son amour pour l'Humanité et son dévouement en faveur de son amélioration.

X. — Le Congrès de Châlon-sur-Saône.

Le Congrès du parti unifié s'est réuni pour la première fois depuis le Congrès d'unification, à Châlon-sur-Saône, les 29, 30 et 31 Octobre 1905.

La principale question à l'ordre du jour était comme on l'a vu plus haut, la tactique électorale du parti pour les élections de 1906.

Diverses motions étaient présentées, les motions Cachin, Vaillant, Poisson, Revelin, Cambier, ci-dessus citées; ont également été déposées au Congrès, les motions Wilm et Lafargue.

La motion Wilm a pour but, comme la motion Cachin, de poser au premier tour de scrutin, des candidatures dans toutes les circonscriptions et de laisser l'autonomie la plus complète aux Fédérations pour le second tour.

La motion Lafargue, très énergiquement soutenue par Guesde, pose le même principe pour le premier tour; pour le second tour, elle décide que les candidats se retireront purement et simplement de la lutte sans recommander aucune candidature bourgeoise, c'est-à-dire étrangère au parti unifié.

« Il n'y a pas de parti bourgeois, dit M. Lafargue, depuis le parti de M. Briand jusqu'à celui de M. Rouvier, en passant par MM. Méline, Ribot, qui réunissent les conditions posées pour le désistement du socialisme en faveur des républicains au second tour. Le seul droit acquis au prolétariat est le droit à la misère ».

Le Congrès avait à choisir, après avoir entendu divers orateurs; il a nommé une Commission chargée de mettre d'accord les différentes fractions de l'unité socialiste.

Voici les noms des membres de la Commission de tactique électorale : Allemane, Boup, Bracke, Bron, Cachin, Camélinat, Chauvin, Corgeron, De la Porte, Charles Dumas, Ferdinand Faure, Grollet, Groussier, Guesde, Jaurès, Journoud, Loris, Mauger, Monties, Osmin, Pédron, Poisson, Ponard, Renaudet, Revelin, Roblin, Rognon, Rouger, Salembier, Uhry, Vaillant, Wilm.

Le citoyen Bracke, nommé rapporteur, a présenté au Congrès les résolutions suivantes :

La tactique électorale.

Pour le premier tour de scrutin :

1° Le Congrès national déclare que le devoir du parti socialiste est de présenter partout au premier tour des candidatures de classe et d'organiser partout l'action électorale du parti. Le parti, ses fédérations, ses sections, sont donc tenus d'étendre et de généraliser la lutte électorale contre la bourgeoisie dans les limites de leurs forces matérielles et morales. Seuls, l'insuffisance des ressources, le manque de propagandistes investis de la confiance du parti peuvent, en certaines circonscriptions rendre provisoirement et localement impossible cette action électorale;

2° Les Sections, les Comités de circonscription et les Fédérations demeurant chargés, conformément aux articles 11 et 12 des statuts, de choisir des candidatures et d'organiser la lutte électorale partout où elle ne sera pas impossible;

3° Dans les circonscriptions et les départements où il n'existe ni groupe ni fédérations, le Conseil national et la Commission permanente sont chargés d'appliquer cette résolution;

4° Les candidats choisis sur des listes proposées et garanties par les Fédérations devront autant que possible faire acte de propagande réelle et active.

Dans toutes les circonscriptions où les candidatures auront été posées par le Conseil national, les candidats devront signer les engagements prévus à l'article 45 du règlement du parti. Ils remettront de plus au secrétariat, en vue d'un scrutin de ballotage, leur désistement qui pourra au besoin être motivé par le parti.

Pour le deuxième tour de scrutin :

Considérant que toute action électorale ou autre d'un parti de classe comme le parti socialiste doit toujours, au second comme au premier tour, être déterminée exclusivement par l'intérêt supérieur de la classe qu'il représente et dont il poursuit l'affranchissement;

Considérant que l'action de classe du prolétariat est liée au maintien et au développement des libertés politiques et économiques;

Considérant que par la République maintenue et développée, la libération des travailleurs sera aux mains des travailleurs eux-mêmes, s'ils savent en user enfin pour leur organisation et leur émancipation;

Le Congrès s'en remet avec confiance aux Fédérations du soin de décider leur attitude au second tour, au mieux des intérêts du prolétariat et de la République sociale.

Ces deux motions ont été adoptées par le Congrès à l'unanimité.

Comme on le voit, les Fédérations restent libres et sans contrôle de décider sur l'attitude à suivre par les unifiés au second tour de scrutin; c'est un sérieux accroc donné au bloc républicain; c'est l'abandon volontaire, peut-être à la légère, de cette union républicaine qui a tant profité aux socialistes collectivistes dans ces dernières années, c'est l'abandon de la tactique qui leur a permis de faire leur propagande; ils ne tarderont pas à en connaître les effets, principalement parmi les éléments que leur doctrine intransigeante a pour but de séduire.

Cette attitude a encore été aggravée par le vote, de la motion Cambier, malgré le rapport de la Commission qui proposait de laisser les fédérations juges de la situation.

Motion Cambier : « Lorsque le candidat du Parti Socialiste unifié trouvera devant lui un autre candidat se réclamant du Socialisme, il ne pourra en aucun cas se désister en sa faveur ».

Cette motion a été complétée par la proposition Lorris qui a pour but de dénoncer par une affiche les dissidents, c'est-à-dire les socialistes indépendants, ceux qui veulent n'être inféodés à aucune doctrine, à aucune secte, ceux qui aspirent et qui ont pour but de baser exclusivement leurs études sur la science et non pas dans le cercle très restreint des mots collectivisme ou communisme.

Il serait aussi bien utile de savoir, comme l'a fait observer Fribourg, si les socialistes unifiés accepteront les voix des socialistes indépendants?

M. Rouanet a beau, dans l'*Humanité* du 2 Novembre, terminer son article en disant :

« *Le vote de la motion relative au second tour de scrutin fait cesser toute ambigüité coupe court aux insinuations et mettra fin, nous osons l'espérer, aux polémiques oiseuses engagées par le loyalisme républicain du parti socialiste* ».

Les faits et décisions ci-dessus démentent sa conclusion, qui en l'espèce ne manque pas d'une certaine ironie; il n'est pas possible de donner le change.

Sur le terrain où il se place, M. Clémenceau est dans la pure logique lorsque, dans l'*Aurore* du même jour, il conclut ainsi son article sur l'attitude de M. Jaurès.

« *Quelle barrière entre nous que l'intransigeance de ce veto opposé au budget, c'est-à-dire à tout ce qui permet à l'organisation du pays de subsister! Comment marcher ensemble à la conquête d'une amélioration quelconque au profit des masses ouvrières puisque les socialistes unifiés devront refuser les crédits nécessaires pour la faire fonctionner? Que Jaurès permette à un simple « Bourgeois » réformateur de lui faire cette objection préalable. Le socialisme unifié ne peut pas réclamer à la fois toutes les commodités de l'état révolutionnaire et tous les avantages des compromissions avec notre « bourgeoisie ». Il fallait choisir, et Jaurès a choisi. Combien je suis surpris qu'il ait pu l'oublier. Heureusement Jules Guesde est là qui saura le lui rappeler.*

> *Prenez garde, prenez garde.*
> *Car Jules Guesde vous entend,*
> *Car Jules Gnesde vous regarde.*

Telles sont résumées les principales décisions du Congrès de Châlon sur-Saône. Au printemps prochain, on pourra en mesurer la portée.

XI. — CONCLUSIONS

Dans cette étude ont été passés en revue les origines du parti collectiviste la théorie du parti unifié, avec les appréciations qu'elles suggèrent, l'avis de Benoit Malon sur le socialisme, une opinion de Karl Marx, les différentes motions, relatives aux élections, l'avis de Clémenceau sur l'unité et la réponse de Jaurès ; les décisions du Congrès de Chalon, il reste maintenant à conclure :

« Le socialisme (dit Ch. Faunety, l'auteur de *La Solidarité* et de *La Religion laïque* (cité par Benoit Malon dans la *Revue Socialiste*). Le socialisme n'est inféodé à aucun système, à aucune école, à aucune secte; mais doivent être dits socialistes, tous les systèmes, toutes les théories, toutes les doctrines, qui ont pour objet de faire que la société humaine, bornée d'abord «

la famille, puis à la peuplade, à la tribu, à la race, à la cité, à la nation, embrasse tous les membres de l'humanité, les relie dans une solidarité voulue librement et qui, toujours progressive, de plus en plus leur profite également à tous. Tous pour chacun, chacun pour tous. Telle est la vraie définition du socialisme qui n'est que l'idée de société universalisée. Le socialisme, dans son acception synthétique doit donc être considéré comme une phase prochaine de la vie de l'humanité, phase prochaine et déjà ouverte, dans laquelle des individualités sont déjà entrées, après laquelle les collectivités aspirent, et qui, lorsque les masses seront mûres, succédera à la civilisation comme la civilisation a succédé à la barbarie. »

Partant de cette merveilleuse définition du socialisme par Fauvety, il y a lieu d'insister et de dire que le socialisme ne peut être un parti sectaire ni d'exclusivisme ; pas plus au nom de ses principes que pour sa tactique électorale. Il doit laisser à d'autres l'application de cette formule : « Hors l'Eglise pas de Salut ».

Il doit encourager l'étude, éduquer les masses, propager ses vues, travailler au relèvement moral des êtres humains ; dans ce but il doit faire appel à toutes les bonnes volontés qui coopèreront à préparer le terrain pour les civilisations futures, les civilisations de haut avenir, dont pour l'instant il est aussi impossible de concevoir l'organisation, qu'il était impossible aux hommes du moyen-âge de concevoir les progrès de cette science qui s'achemine de plus en plus vers l'étude de cet inconnu, vers cet idéal de justice et de bonté qui libérera définitivement notre pauvre humanité du joug que des siècles d'ignorance et de servitude ont fait si lourdement peser sur elle.

G. LEMARCHAND,
Ouvrier menuisier. Socialiste indépendant.

TABLE DES MATIÈRES

Imp. A. Pradier, 12, rue des Bourdonnais. Paris.

DU MÊME AUTEUR

www.ingramcontent.com/pod-product-compliance
Lightning Source LLC
Chambersburg PA
CBHW060752280326
41934CB00010B/2455